Este libro está dedicado a mis hijos - Mikey, Kobe, y Jojo.

Copyright © 2021 Grow Grit Press LLC. Todos los derechos reservados. Ninguna parte de este libro puede ser reproducida en ninguna forma sin el permiso por escrito de la editorial. Por favor, envie solicitudes de pedido al por mayor a info@ninjalifehacks.tv 978-1-63731-492-0 Impreso y encuadernado en los Estados Unidos. NinjaLifeHacks.tv

La Ninja Esperanzada

Por Mary Nhin

¡Me gusta soñar en GRANDE!

¿Cómo puedo hacer eso?

Me concentro en mis fortalezas y encuentro lo positivo en la vida, incluso cuando las cosas se ponen patas arriba.

Si no tengo la clase que quiero con todos mis amigos, espero conocer gente nueva y hacer amigos adicionales.

Cuando no me va tan bien en mis tareas escolares, pienso en cuánto he mejorado desde el comienzo del año escolar.

En mi tiempo libre, me encanta leer historias de personas que han fracasado, pero luego han tenido éxito.

Visualizo la superación de obstáculos tal como ellos lo han hecho.

Érase una vez, el mundo para mí era bastante sombrío.

Cuando mis padres peleaban, me preocupaba y me sentía culpable...

Y mi única exposición a personas que fracasaron y luego tuvieron éxito fue muy limitada.

Encuentra los aspectos positivos.

Cada situación tiene un lado positivo. Si miramos de cerca, siempre hay algo positivo que podemos encontrar.

Enfócate en nuestras fortalezas.

En lugar de mirar lo que hicimos mal, podemos enfocarnos en lo que hicimos bien.

Estudia las historias de éxito.

Mi forma favorita de construir esperanza es leer las historias de éxito. Las personas que *estudiamos* pueden ser personas vivas reales o personas sobre las que leemos en los libros.

Pensé en lo que había dicho la Ninja Positiva.

Parecía muy difícil cambiar mi forma de pensar, pero estaba decidida a ser más optimista.

Así que decidí intentarlo.

En casa, fui a buscar libros en la biblioteca. ¡Me sorprendió descubrir que había historias de personas reales que fracasaron como yo!

Uno tras otro, mientras los seguía fui transportada en el tiempo.

Cuanto más practicaba las 3 Es, más esperanza me daba que algún día lograría algo magnífico.

Soy la Ninja Esperanzada y soy muy optimista sobre mi futuro.

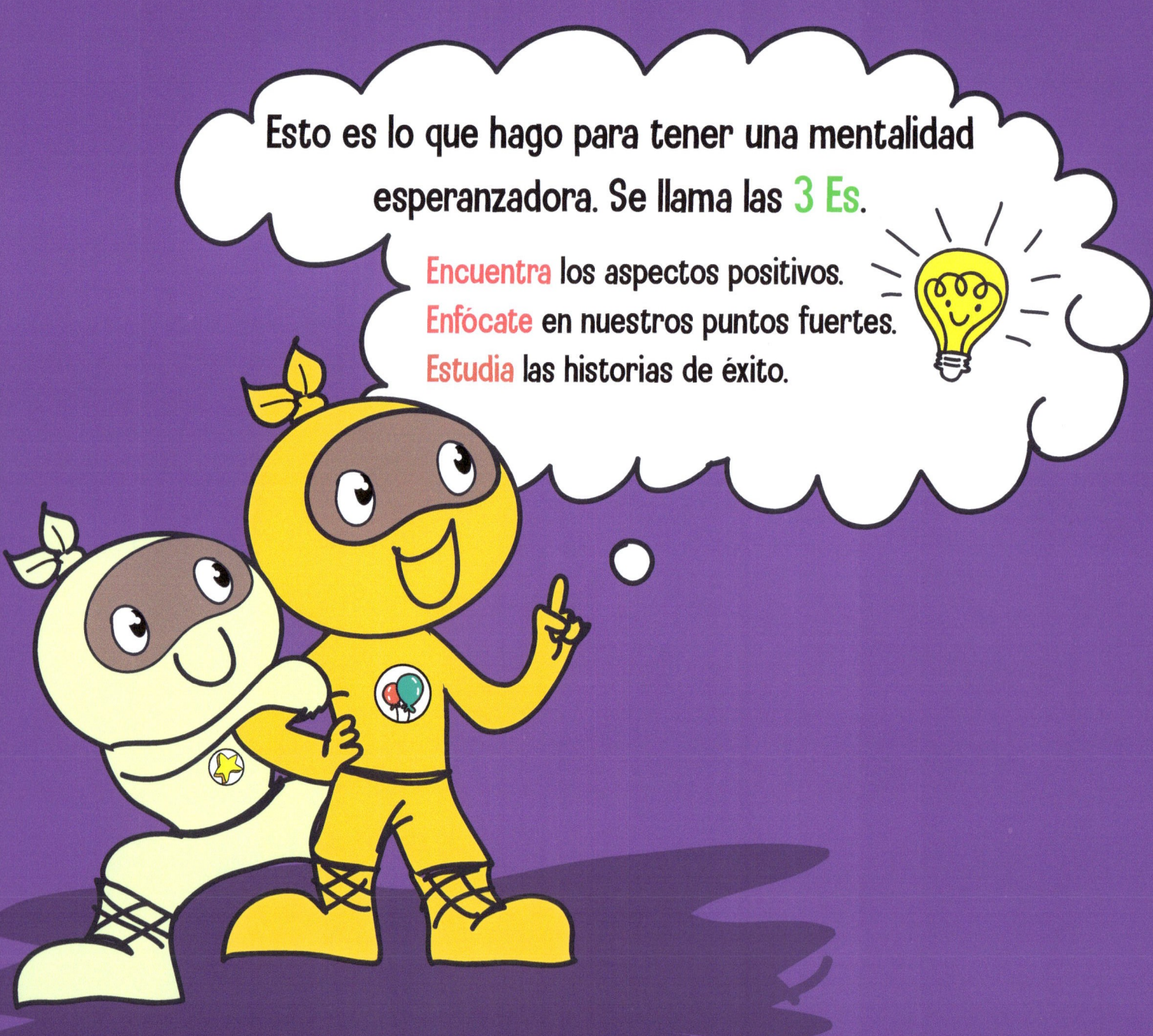

Durante la hora del arte, no podía hacer mis trazos bien, así que me centré en mis fortalezas para mantener mi ánimo en alto.

El recordar las 3 Es podría ser tu arma secreta para alcanzar todos tus sueños.

¡Echa un vistazo a nuestra nueva serie de Mini Movers and Shakers!

📷 @marynhin @officialninjalifehacks
#NinjaLifeHacks

f Mary Nhin   Ninja Life Hacks

▶ Ninja Life Hacks

♪ @officialninjalifehacks